Josephine Königshausen

King Kong: Freund des Menschen oder Monster der Evolution?

GRIN Verlag

Bibliografische Information der Deutschen Nationalbibliothek:

Die Deutsche Bibliothek verzeichnet diese Publikation in der Deutschen National-
bibliografie; detaillierte bibliografische Daten sind im Internet über http://dnb.d-
nb.de/ abrufbar.

Impressum:

Copyright © 2012 GRIN Verlag GmbH
Druck und Bindung: Books on Demand GmbH, Norderstedt Germany
ISBN: 978-3-656-53020-6

Dieses Buch bei GRIN:

http://www.grin.com/de/e-book/263272/king-kong-freund-des-menschen-oder-
monster-der-evolution

GRIN - Your knowledge has value

Der GRIN Verlag publiziert seit 1998 wissenschaftliche Arbeiten von Studenten, Hochschullehrern und anderen Akademikern als eBook und gedrucktes Buch. Die Verlagswebsite www.grin.com ist die ideale Plattform zur Veröffentlichung von Hausarbeiten, Abschlussarbeiten, wissenschaftlichen Aufsätzen, Dissertationen und Fachbüchern.

Besuchen Sie uns im Internet:

http://www.grin.com/

http://www.facebook.com/grincom

http://www.twitter.com/grin_com

HBK Braunschweig

Institut für Medienforschung

„King Kong – Freund des Menschen oder Monster der Evolution? "

Seminar: Affen. Eine mediale Zoologie

SS 2011

Inhaltsverzeichnis

1. Einleitung————————————————————Seite 3

2. Evolutionsgeschichte – Verhältnis von Mensch und Affe———Seite 4-5

3. King Kong und die weiße Frau– Filmanalyse——————Seite 6-17
   3.1 Allgemeine Daten———————————————Seite 6
   3.2 Inhalt————————————————————Seite 6-7
   3.3 Filmische Darstellung—————————————Seite 7-8
   3.4 King Kong – Monster oder Mensch?———————Seite 8-14
   3.5 Themen————————————————————Seite 14-15
   3.6 Rezeption———————————————————Seite 16-17

4. Fazit———————————————————————Seite 17
5. Literaturverzeichnis————————————————Seite 18

1. Einleitung

Die vorliegende Arbeit beschäftigt sich mit dem Film „King Kong und die weiße Frau" aus dem Jahr 1933. Der Film von Merian C. Cooper und Ernest B. Schoedsack erzählt die Geschichte eines Affen, der in eine für ihn fremde und exotische Welt verschleppt wird, um dort zur Schau gestellt zu werden[1]. Die Geschehnisse hinterfragen somit auch die Gier der Kinobesucher nach Spektakel.

Der Film KING KONG basiert auf einer aus zwei miteinander verwobenen Plots zusammengesetzten Narrationsstruktur: Zum einen erlebt der Zuschauer den Einbruch eines zivilisierten Filmteams in einen naturbelassenen, prähistorischen Dschungel, zum anderen rezipiert er die Entführung einer schönen Frau, die von einem Riesengorilla in der Tiefe des Urwalds gefangen gehalten wird, bis ihr Bräutigam sie in einer lebensgefährlichen Rettungsaktion befreien kann.[2]

Zunächst wird aufgezeigt, wie es dazu kam, dass die Menschen sich für exotische Tiere und Primaten interessierten. Zahlreiche Fossilienfunde und die Evolutionstheorie von Charles Darwin erzeugten großen Interesse an den Primaten, aber riefen zugleich auch Ängste hervor. Der Affe als direkter Vorfahr des Menschen schien der damaligen Gesellschaft befremdlich zu sein.

In der anschließenden Filmanalyse von „King Kong und die weiße Frau" wird der Frage nachgegangen, ob der Riesengorilla Kong als Monster oder als Freund des Menschen gesehen werden kann. Dabei werden auch filmische Inszenierungen berücksichtigt, welche die Perspektive auf Kong beeinflussen.

Weiterhin werden in Kapitel 3.5 weitere Themen aufgezeigt, die im Film ebenso eine zentrale Rolle spielen, wie beispielsweise die Kolonialisierung und die Frauenrolle in Amerika in der 1930er Jahren.

Die Betrachtung der Rezeption des Films im Anschluss daran soll Aufschluss über die Erwartungshaltungen und Inszenierungen im Film geben, die eine große Bedeutung für die Analyse haben.

---

[1] Vgl. Griem, 2010, S.144
[2] Gehrmann, Seite 30

2. Evolutionsgeschichte – Verhältnis von Mensch und Affe

Das Interesse an den tierischen Vorfahren der Menschheit entstand wohl, als Andrew Battel 1613 an der Kongoküste „'zwei Sorten von Ungeheuern', die ‚im höchsten Grade gefährlich' sind, entdeckte",[3]. Gemeint waren Gorilla- und Schimpansenarten, die durch Battel als Monster charakterisiert wurden. Die Wesen galten als primitiv und erinnern an Riesen. Die Menschen hatten großes Interesse an den Reiseberichten und Erzählungen, da die Ähnlichkeit an ihre eigene Rasse fantastisch und irritierend zugleich war. Man suchte, Jahre nach den Entdeckungen im Kongo, nach Hinweisen auf einen Verwandtschaftsgrad zwischen Mensch und Tier, jedoch sollten Ähnlichkeiten eher verleugnet werden. Es begann eine Zeit der Verwirrungen, in der wilde Abenteuergeschichten und Spekulationen in Umlauf gebracht wurden. Erst Carl von Linnés gelang es 1758 eine Ordnung zu schaffen. „Dabei schloss er die Gattungen *Homo* (Mensch), *Simia* (Affen), *Lemur* (Halbaffen) und – irrtümlich- *Vespertilio* (Fledermäuse) zu einer Ordnung zusammen, den Primates: ‚Vorrangige' oder ‚Herrentiere'"[4]. Mit dieser Systematik fasste Linnés den Menschen und den Affen in derselben Tierordnung zusammen, was zur damaligen Zeit ein enormer Tabubruch war.

Charles Darwin gab 1859 den entscheidenden Anstoß für die Untersuchung der Primatenarten. Mit seiner Evolutionstheorie „On the Origin of Species by Means of Nature Selection" belegte er, dass sich alle Lebewesen einer natürlichen Selektion unterziehen und sich an ihre Umgebung anpassen. „Er zögerte zwölf Jahre, seine Erkenntnisse öffentlich auf einen Menschen anzuwenden. Erst 1871 erschien The Descent of Man (Die Abstammung des Menschen)",[5]. Die Theorie stieß auf große Kritik. Darwin fehlten die fundierten Beweise. 1891 legte Eugéne Dubois auf Java eine Schädeldecke frei, die heute als *homo errectus*, eine frühe aufrecht gehende Form des Menschen gilt. Damit wurden Darwins Theorien immer standhafter. Zu Beginn des 20. Jahrhunderts entdeckten Wissenschaftler zahlreiche Fossilien, welche die Erkenntnisse von Dubois stützten. Durch diese Funde konnten anatomische Übereinstimmungen zwischen Mensch und Affe belegt werden. Die damalige Generation reagierte zunächst entsetzt über ihre Entstehensgeschichte,

---

[3] Sommer, 1989, S.40
[4] ebd., S.42
[5] ebd., S. 43

doch nach und nach sollten auch die Verhaltensweisen der menschenähnlichen Tiere untersucht werden. Zu diesem Zweck studierten Jane Goodall und Dian Fossey lange Zeit die Menschenaffen in freier Wildbahn. Obwohl die Berichte sehr positiv ausfielen und die beiden Frauen immer wieder von fast menschlichen Zügen in den Gesichtern der Riesenaffen erzählten, „[...]haftete [dem Gorilla] weiterhin das Image von frauenvergewaltigenden King-Kong-Bestien an"[6]. Der Film King Kong schürte vorherrschende Ängste der Menschen zusätzlich, doch die Studien von Fossey und Goodall brachten eine neue Generation von Primatenforschern nach sich.

> Tiere werden als Sklaven ihrer Instinkte betrachtet, Menschen dagegen für Geschöpfe des Verstandes gehalten. Diese Trennungslinie verläuft jedoch nicht so eindeutig. Tiere reagieren nicht so automatisch, und Menschen sind keineswegs frei von tiefsitzenden Begierden und Gefühlen[7].

Die Einstellung gegenüber der verwandtschaftlichen Beziehung zwischen Affe und Mensch befindet sich bis heute im Wandel und sind oft sehr kontrovers.

> Wenn Menschen sich gefühlsmäßig dagegen wehren, ‚vom Affen abzustammen', so tun sie das oft nur aus dem Missverständnis heraus, ihre Vorfahren seien unter den heutigen Affenarten zu finden[8].

Doch dies ist ein Trugschluss, da die heute lebenden Affen nur ein Modell der ausgestorbenen Urarten sind[9]. Wenn man die Entwicklungsgeschichte betrachtet, ist es sehr schwer zu sagen, wann das Menschsein begann und das Tierische in uns verschwand. Die Evolution vollzieht sich in so vielen kleinen Schritten, dass ein genauer Zeitpunkt kaum auszumachen ist.

Die Vorstellung, dass eine kontinuierliche verlaufende Evolution die Tiere mit dem Menschen verbindet, beißt sich natürlich mit dem Mythos vom Menschen als der ‚Krone der Schöpfung'[10].

---

[6] Sommer, S.47
[7] Waal, 1991, S.231
[8] Sommer, 1989, S.88
[9] vgl. Ders., S.88
[10] Ders., S.111

3. King Kong und die weiße Frau – Filmanalyse

3.1 Allgemeine Daten

Im Gegensatz zu anderen Vertretern des zu Beginn der dreißiger Jahre florierenden Genres des Safari- und Dschungelfilms avancierte King Kong zum Klassiker und Kultfilm, weil in der Geschichte des gigantischen Affen Innovation und Tradition auf besonders wirkungsvolle Weise verbunden wurden[11].

Der 1933 erschienene und zum Blockbuster gewordene Film war eine große Sensation und spielte 1,75 Millionen Dollar ein. *King Kong* kann als Katastrophenfilm, Abenteuer und Thriller zugleich bezeichnet werden und handelt im Kern von der Geschichte der Schönen und des Biests, aber auch von Klasse, Rassenunterschiede und Natur.[12]

Die Regisseure Merian C. Cooper und Ernest B. Schoedsack inszenierten in ihrem Film den Riesengorilla Kong auf eine neuartige Weise und verblüfften die damaligen Zuschauer mit zahlreichen Trickeffekten.

3.2 Inhalt

Der Filmregisseur Carl Denham (gespielt von Robert Armstrong) will einen exklusiven und spektakulären Film drehen. Dazu reist er mit seiner Crew und der schönen Schauspielerin Ann Darrow (gespielt von Fay Wray) auf die noch unerkundete Insel Skull Island. Er erhofft sich, bisher noch unentdeckte Landschaften und Tiere erkunden und filmen zu können. Unter dem Deckmantel, eine Liebesgeschichte zu drehen, gelingt es ihm, die Crew auf das Schiff in Richtung Skull Island einzuladen. Fast beiläufig beginnt eine Liebesbeziehung zwischen Ann und Jack. Letzterer macht sich große Sorgen um die Schauspielerin und traut dem Regisseur Carl nicht. Bei Probeaufnahmen auf dem Schiff soll sich Ann vorstellen, etwas Schreckliches zu sehen. Sie spielt die verschiedenen Angststadien durch und dem Zuschauer wird klar, dass auf sie etwas Ungeheuerliches wartet. In der nachstehenden Abbildung lässt sich dies gut erkennen.

---

[11] Griem, 2010, S.146
[12] vgl. Suchsland, 2005 [http://www.telepolis.de/r4/artikel/21/21549/1.html]

Abbildung 1:

King Kong 19:22 Min.

Auf der Insel angekommen, stellen sich die Einheimischen als nicht fremdenfreundlich dar. Sie opfern Ann dem Riesenaffen Kong. Dieser entführt die Blondine in den Dschungel und es beginnt eine wahre Abenteuergeschichte. Die anfängliche Angst von Ann legt sich in jenem Moment, in dem sie erkennt, dass der Affe sie beschützt und vor den Dinosauriern rettet. Langsam entwickeln die beiden eine Beziehung zueinander und Ann fühlt sich in der Nähe von Kong sicher. Die Crewmitglieder begeben sich derweil auf die Suche nach der jungen Frau und entführen anschließend den Riesenaffen auf ihr Schiff. Zurück in New York soll der Affe dem Regisseur Carl Denham einen großen Erfolg einbringen. Ausgestellt als Attraktion fühlt sich Kong sichtlich unwohl und befreit sich schließlich aus den Ketten auf der Suche nach Ann. Mit ihr in der Hand flieht er instinktiv auf das höchste Gebäude der Stadt – das Empire State Building. Als er merkt, dass die angreifenden Flugzeuge ihn überwältigen, setzt er Ann vorsichtig ab und stellt sich der Gefahr. Heldenhaft schützt er die junge Schauspielerin und verabschiedet sich von ihr, indem er ihren Kopf tätschelt. King Kong fällt nach dem Angriff tot zu Boden und die Menschenmassen auf New Yorks Straßen tummeln sich aufgewühlt um ihn. Carl Denham schließt den Film mit dem Satz: „Es waren nicht die Flieger [die Kong getötet haben]. Er hat das Mädel zu sehr geliebt." Dadurch wird die Geschichte abgerundet. Das Ende verweist auf den Beginn, in dem schon durch die Einblendung deutlich wurde, dass der Anblick der Schönen das Tier zähmen wird.

3.3 Filmische Darstellung

King Kong enthält zahlreiche Spezialeffekte, die Anfang der dreißiger Jahre spektakulär und neuartig waren. Die aufwendigen Hintergrundkulissen lassen das Geschehen so real wie möglich erscheinen. Durch detailliert konstruierte Modelle und zahlreiche Stop-

Motion- Animationen werden die unheimlichen Tiere zum Leben erweckt. Rückblenden sorgen für eine Tiefenwirkung im Film, die das Geschehen ebenfalls verlebendigen. Unterstützt wird dieser Eindruck auch durch die Urwaldgeräusche, die im Vorfeld im Zoo aufgenommen worden sind. Die Musik ist insgesamt sehr dramatisch, beispielsweise in der Szene, in der die Crewmitglieder vor der Insel ankommen und sich in einer düsteren Umgebung wiederfinden. Am auffälligsten ist jedoch der Schrei der jungen Frau Ann. Ihre Opferposition wird dadurch immer wieder verstärkt und rückt in den Vordergrund. Zentrales Thema ist die Liebe zwischen Mensch und Tier und die Ungleichheit von Reinheit und Unreinheit. Der tierische Trieb des Mannes steht der Unschuld der weißen Frau gegenüber. Ann Darrow steht dabei für das schöne Objekt, das benutzt wird, um den Riesenaffen zu locken.

Die Regisseure Merian C. Cooper und Ernest B. Schoedsack riefen mit ihrer erschaffenen Kreatur des Riesenaffen Kong zahlreiche Neuverfilmungen hervor, die allesamt erfolgreich waren. Am bekanntesten ist wohl das Remake von Peter Jackson aus dem Jahr 2005. CGI und 3D-Animationen beleben Kong mit menschlichen Attributen, die den Zuschauer in den Bann ziehen. Es ist anzunehmen, dass die neuartigen Effekte noch besser Emotionen beim Publikum produzieren können, als es bei dem Original aus dem Jahr 1933 mit den damaligen Mitteln möglich war.

3.4 King Kong – Monster oder Mensch?

Der Film beginnt mit der Einblendung der Worte: „Und der Prophet sprach: ‚Das Tier schaute ins Angesicht der Schönen. Seine mörderische Hand erstarrte. Und von diesem Tage an... war es tot.'". Dieses Zitat nimmt das Ende des Filmes schon vorweg und verweist zudem auf die Beziehung zwischen Mensch und Tier. Das Tier wird außerdem bereits als gefährliches Geschöpf charakterisiert und der Zuschauer kann durch diese Beschreibung einen abenteuerlichen Film erwarten, welcher vom Aufeinandertreffen zwischen einem Monster und einer schönen Frau handelt. Dieser Effekt wird auch im Trailer[13] des *King Kong* Filmes deutlich, in dem es unter anderem lautet: „Fabelwesen der Urzeit werden lebendig"[14]. Es sind hauptsächlich Szenen zu sehen, in denen sich King Kong in New York befindet und auf der Flucht die Stadt verwüstet. Im Trailer

---

[13] http://www.tierhorror.de/tierhorror/modules/tierhorror/kunde/view.csp?id=220
[14] ebd.

heißt es: „King Kong bedroht die Stadt"[15]. Diese Aussage schürt die Angst des Publikums und verweist auf eine Horrorgeschichte mit einem brutalen Monster. Weiter heißt es im Trailer: „Weib zähmt Bestie". Dies passt auch zum Beginn des Filmes, der ebenfalls schon auf das Ende der Geschichte hindeutet.

An Bord des Schiffes befindet sich ein kleines Äffchen, welches einen Verweis zu King Kong darstellt. Denham sagt, dass man lieb zu den Tieren sein soll, woraufhin Jack antwortet: „Solange die Affen noch so klein sind"[16]. In dieser Situation erzählt der Regisseur Carl von seiner Geschichte: Ein wildes Tier sieht eine schöne Frau, verliert daraufhin seine Klugheit und Überlegenheit und wird zum Gefangenem. Kurz darauf wird der Zuschauer mit der Legende vom Fabelwesen Kong konfrontiert. Denham zeigt den Crewmitgliedern seine Karte von Skull Island und erzählt von dem Monstrum, welches sich hinter einer hohen Mauer befinden soll. In dieser Szene wird der Affe Kong erneut als gefährliches und unberechenbares Wesen dargestellt, welches weder Tier noch Mensch ist.

Diese Angst vor dem Ungeheuer zieht sich durch die gesamte Fahrt nach Skull Island. Auf der Insel angekommen, wird durch Denhams Verhalten deutlich, dass sich der Mensch als höchste Stufe der Evolution sieht. Ohne Rücksicht auf die stattfindenden Opferrituale der Einheimischen stellt Denham seine Kamera auf und will die exotischen Bilder einfangen. Abbildung 2 zeigt den Regisseur gemeinsam mit seinem Team im Vordergrund, wie er gerade dabei ist, sein Stativ zu positionieren. Die Inselbewohner zelebrieren ein Opferritual.

Abbildung 2:

King Kong: 26:29 Min.

---

[15] ebd.
[16] King Kong und die weiße Frau

Die Inselbewohner werden hier als wild dargestellt und bilden den Gegenpol zur zivilisierten westlichen Welt, indem sie nackt tanzen und ein spirituelles Ritual abhalten. Des Weiteren tragen sie affenähnlich Kostüme, was die rassistische Grundhaltung im Film unterstützt. „Das Fremde soll nicht verstanden werden, sondern, gezwängt in die Grenzen des Bildkaders, von der Zivilisation bearbeitet und zu einem Kunstwerk stilisiert den staunenden Augen schaulustiger Betrachter preisgegeben werden."[17]

Zunächst tritt Kong auf der Insel als Entführer auf, jedoch ändert sich die Rolle in die eines Beschützers, als er Ann vor drei Tyrannosauriern rettet. Er beschützt die Frau vor den fleischfressenden Säugern und tötet die Dinosaurier auf brutale Art. Nach seinem Sieg demonstriert er seine Macht, indem er sich aufrichtet und auf die Brust schlägt. Der laute Schrei dazu unterstreicht seinen Stolz auf die gewonnene Schlacht.

Abbildung 3:

King Kong 58:24 Min.

Kong will sich und Ann schützen und klettert mit ihr auf einen Felsvorsprung. Durch das erneute Klopfen auf seine Brust demonstriert er wieder seine Macht. Die Szene ähnelt der vorangegangen im Bildaufbau. Niemand soll ihn oder die junge Blondine angreifen. Vor lauter Erschöpfung fällt Ann kurze Zeit später in Ohnmacht. In dieser Szene fasst der Riesenaffe der jungen Frau in den Schritt und riecht danach an seinen Fingern. Diese Handlung kann als eine sexuelle Anspielung auf die Beziehung zwischen Mensch und Tier gesehen werden. Weiterhin entkleidet er sie in dieser Szene, was in Abbildung 4 zu sehen ist. Die Musik wird hierbei spielerisch eingesetzt und unterstreicht die Naivität des Affen, der fast wie ein kleiner Junge, der versucht die Dinge zu verstehen, wirkt.

---

[17] Gehrmann, Seite 38

Abbildung 4:

King Kong 1:06:10 Min.

Kong übernimmt in den Szenen auf der Insel deutlich die Hauptrolle im Film. Er wird als einzige Figur sehr oft in Nahaufnahmen gezeigt. Zunächst soll dies wahrscheinlich die Größe und Präsenz des Tieres in den Fokus stellen. Doch zum Ende hin lassen sich in seinem Gesicht immer wieder Gefühle ablesen. Abbildung 5 zeigt Kong kurz bevor er Ann entführt. Er wird angsteinflößend und monströs gezeigt.

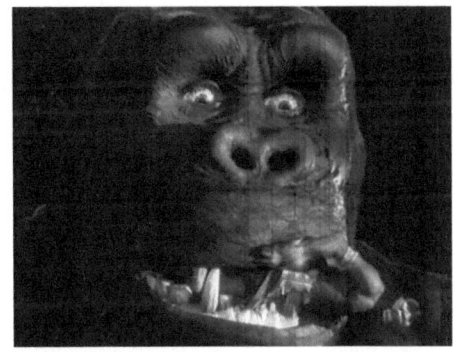

Abbildung 5:

King Kong 40:46 Min.

Abbildung 6:

King Kong 1:14:43Min.

Die Abbildung 6 zeigt eine ähnliche Bildkomposition. Nachdem Ann durch Jack vor Kong gerettet wurde, ist der Affe auf der Suche nach ihr. Er verwüstet daraufhin Skull Island und tötet blind vor Wut mehrere Menschen. Kong wirkt aufgelöst und zerstört unkontrolliert alles, was sich ihm in den Weg stellt.

11

Als der Riesengorilla im Theater auf der Bühne als Schauobjekt gefesselt wird, sieht man erneut eine Nahaufnahme von Kongs Gesicht. Hier wirkt er fast menschlich.

> Sämtlicher Würde beraubt, wird der ehemalige Gott und König zum Ausstellungsstück degradiert, weil er einem Gefühl nachgegeben und sein Herz an ein kleines weibliches Wesen in der Größe einer Barbie-Puppe verloren hat.[18]

Abbildung 7 und 8 zeigen Kong in dieser Situation. Er wirkt verletzlich. Kong ist immer zentral in das Bild gesetzt und wirkt trotz seiner Größe verloren.

Abbildung 7:   Abbildung 8:

King Kong 1:20:58 Min.   King Kong: 1:21:14 Min.

Von seinen Gefühlen geleitet und auf der Suche nach Ann, verwüstet er anschließend die Stadt. Das vorangegangene Zitat lässt jedoch erkennen, dass dem Affen durchaus menschliche Eigenschaften, wie Trauer, Liebe und Sorge zugeschrieben werden.

Er wird, neben Jack, als Retter von Ann klar charakterisiert und inszeniert. Kong verwüstet New York nicht aus Boshaftigkeit, sondern aus Angst vor den Kameras und der fremden Welt. Er flüchtet sich instinktiv mit Ann auf den höchsten Punkt der Stadt – das Empire State Building. Die Situation erinnert an die Szene auf dem

---

[18] Gehrmann, Seite 51

Felsvorsprung im Dschungel, in der Kong gemeinsam mit Ann ebenfalls nach Schutz gesucht hat. Kurz vor seinem Sturz in die Tiefe wird seine Trauer noch einmal im Bild deutlich. Abbildung 9 zeigt diesen Moment. Er ist verwundet und hat sich von Ann verabschiedet. In dieser Szene wird Kong so dargestellt, als werde ihm sein bevorstehendes Schicksal bewusst und ihm wird somit ein Bewusstsein zugeschrieben, das bis dahin nur Menschen vorbehalten ist. Diese Eigenschaft ist es, die ihn von anderen Tieren letztlich unterscheidet und die ihn und den Menschen ähnlich werden lässt. In Kapitel 2 wurde bereits angedeutet, dass Primaten nicht allein durch ihre Instinkte getrieben sind. Die Verhaltensforscher Goodall und Fossey hielten in ihren Berichten fest, dass sich die von ihnen beobachteten Gorillas in gewissen Situationen menschenähnlich verhielten.

Abbildung 9:

King Kong: 1:33:56 Min.

Auch im Dschungel hat Kong das Dorf der Einheimischen zerstört, weil er zuvor in seinen Gefühlen verletzt wurde. Da Jack Ann vor ihm gerettet und wieder zurück auf das Schiff gebracht hat, sah er sich von den Menschen betrogen. „Der Verlust der geliebten Braut führt zu einem Rachefeldzug der Bestie gegen die Menschen, die ihr diesen Schmerz zugefügt haben."[19] Er verwüstet demnach Skull Island aus blinder Wut heraus.

Zu bedenken ist hierbei auch, dass die Filmcrew Kong zuvor seiner natürlichen Umgebung beraubte. Sie ermächtigen sich der Insel und zerstören die Natur, indem sie gewohnte Strukturen verändern. Erst durch dieses Eindringen in sein Terrain wird Kong zum Monster.

---

[19] Gehrmann, Seite 45

Kong vereinigt viele Facetten – seien es Monster, Freund, Liebhaber oder sogar Vergewaltiger. Die Interpretationsansätze seiner Beziehung zu Ann sind sehr vielfältig. Festzuhalten ist allerdings, dass die meisten Zuschauer Kong wohl menschliche Attribute zuschreiben und an einigen Stellen Mitleid beziehungsweise Mitgefühl mit ihm haben.

3.5 Themen

Der Film *King Kong* erschien zu einer Zeit, in der sich das Menschenbild zu ändern begann. Zahlreiche Fossilienfunde bestätigten eine Verwandtschaft zum Affen und erschütterten dadurch die Gesellschaft. Es war für die Menschen damals kaum vorstellbar, dass sie eine ähnliche Entwicklung wie ein Tier beschritten haben sollten. Als der Film in die Kinos kam, sahen die meisten Zuschauer in dem Affen Kong ein ungeheuerliches Monster, eine Bestie, die ihnen fremder nicht sein konnte. Damit schürte der Film die Skepsis gegenüber vorherrschenden Evolutionstheorien zusätzlich.

Im Film lassen sich viele Anknüpfungspunkte zur damaligen politischen, sozialen und ökonomischen Situation in Amerika erkennen, wie beispielsweise zur wirtschaftlichen Depression der 30er Jahre und zur vorherrschenden Not durch die Weltwirtschaftskrise. In der fiktiven Handlung des Films ist der Regisseur Denham auf der Suche nach einer Hautdarstellerin für sein Werk und stößt dabei zufällig auf Ann. Aus einem Hungergefühl heraus, versucht die junge Frau einen Apfel zu stehlen und wird dabei erwischt. Daraufhin klärt Denham die Situation und wird als Held inszeniert. „Die Verbindung Anns mit der biblischen Eva bestätigt hier zum einen erneut die zeitlose Gültigkeit der Geschichte, zum anderen legt sie den geheimnisvollen Mantel der neugierigen Sinnlichkeit um die scheinbar so unverdorben-naive Figur."[20] Nachdem Denham sie anschließend bei einer warmen Mahlzeit dazu überredet an seinem Filmprojekt teilzunehmen, wird deutlich, wie verzweifelt die junge Ann ist. In ihrer Not stimmt sie dem Regisseur ohne genaue Erläuterungen zu.

Auch Geschlechterrollen stehen im Film im Fokus. An Bord ist Ann die einzige Frau und noch dazu nicht sehr erwünscht. Vor allem der Schiffsführer Jack will keine Frau auf dem Schiff haben und ist zunächst äußerst unfreundlich zu der jungen Frau. Die

---

[20] Gehrmann, Seite 34

vorherrschende Geschlechterungleichheit in der damaligen Gesellschaft und die damit verbundene Stärke des männlichen Geschlechts zu dieser Zeit werden hier verdeutlicht.

Insgesamt lässt sich sagen, dass der Frau durch Ann eine Opferrolle zugeschrieben wird. Ohne Mann wirkt sie hilflos und begibt sich daher in die Arme des jeweiligen Retters. Völlig passiv lässt sie sich lenken und der Zuschauer schreibt ihr jede Verantwortung ab. Vergleicht man *King Kong* mit anderen Filmen dieser Zeit wie mit denen von Alfred Hitchcock, so ist es kaum verwunderlich, dass in Coopers und Schoedsacks Werk ebenfalls eine weiße blonde Frau die Protagonistin mimt, welche sich wehrlos ihrem Schicksal hingeben muss.

Des Weiteren wird die Kolonialisierung in *King Kong* thematisiert. Die leeren Teile der Landkarte werden im Film auch als „Hier sind die Löwen" bezeichnet. Die unzivilisierten Landschaften sollten besiedelt werden. King Kong wird so zur Metapher für das Nichts und zum Mythos des Unbekannten. Das Wilde soll sozialisiert und in die moderne Gesellschaft gebracht werden. Damit rechtfertigt der Mensch sein Bestreben sich über fremde Länder zu ermächtigen und geht dabei die Gefahr von etwaigen negativen Konsequenzen ein.

Das Hollywoodkino der 30er Jahre steht ebenso im Fokus der Geschichte. Der Film im Film thematisiert den Ergeiz, immer bessere und neuartige Bilder zu produzieren. Das Publikum, so Denham, will stets eine schöne Frau im Film sehen. Ohne eine Liebesgeschichte lässt sich keine Produktion erfolgreich verkaufen. Auch der Reiz am Spektakulären wird in *King Kong* thematisiert. Das Publikum in New York erscheint zahlreich und bezahlt gerne einen hohen Eintrittspreis für die Vorstellung „Das achte Weltwunder", worunter Carl Denham den Riesenaffen in der zivilisierten Welt inszeniert. Dieser Ansturm beweist das hohe Interesse am Exotischen, welches auch schon in Kapitel 2 thematisiert wurde. Reiseberichte und Erzählungen schürten das ambivalente Gefühl dem Fremden gegenüber. Auf der einen Seite fürchtet sich die zivilisierte westliche Welt vor unbekannten und fremden Wesen, andererseits war die Gesellschaft von diesen neu entdeckten Lebewesen sehr fasziniert und Neugierde überwiegte gegenüber der Angst.

3.6 Rezeption

Der Zuschauer wird aktiv in die Handlung des Films mit einbezogen. Er begibt sich mit der Filmcrew auf die abenteuerliche Reise nach Skull Island. Dass die Reise durchaus gefährlich wird, zeigt sich an der strengen Geheimhaltung Denhams über das Projekt. Auch die Tatsache, dass ein riesiges Waffenarsenal und Gasbomben an Bord sind, macht dem Zuschauer gleich zu Beginn des Films die Situation deutlich. Der Rezipient hat die Erwartung einer drohenden Gefahr. Was wird die Filmcrew auf ihrer Reise erwarten?

Nach dem der Regisseur Denham dem Schiffskapitän Englehorn von der Legende des Kong erzählt, schwingt beim Publikum der Mythos während der gesamten Schiffsfahrt nach Skull Island mit. Genau wie die Passagiere an Bord fragt sich der Rezipient, ob dieser Mythos einen Wahrheitsgehalt hat.

Mit dieser Erwartungshaltung schürt sich die Angst um Ann, da sie als ahnungsloses Opfer dargestellt wird, das sich aus Not mit auf die Reise begeben hat und sich dadurch unwissend in das Elend stüzt. Ohne sie, so betont es Denham zu Beginn des Films, ist das Projekt nicht zu verwirklichen. Das Publikum braucht eine junge schöne Frau. Und es scheint, als würde auch das Publikum des *King Kong* Films diese Rolle brauchen. Der Zuschauer hat, genau wie Jack, Angst um Ann und fragt sich, was Denham vorhat.

Die größte Identifikationsfigur und damit Besonderheit des Films ist der Affe Kong. Er wird zwar als Vorfahr des Menschen von der Gesellschaft als minderwertig und monströs betrachtet, bietet jedoch auf der anderen Seite zahlreiche Anknüpfungspunkte. „Entsprechend seiner Doppelfunktion erzeugt das Halbwesen im Menschen ein ambivalentes Gefühl, dem Abscheu und Sympathie gleichermaßen inhärent sind."[21] Der große starke Mann, welcher sich seine Liebe erobern will, ist ein beliebtes Motiv im Hollywoodkino. Kong erzeugt durch seine Inszenierung sowohl positive als auch negative Emotionen beim Publikum und zieht es in seinen Bann. Jack als Nebenbuhler von Kong scheint dagegen nicht so bedeutend zu sein. Ihm wird im Film eher eine Nebenrolle zugeordnet. Kong dagegen steht im Mittelpunkt der Erzählung und damit auch in seiner Beziehung

---

[21] Gehrmann, Seite 25

zu Ann. Dem Zuschauer wird sofort bewusst, dass die eigentliche Liebesbeziehung zwischen Kong und der jungen Schauspielerin stattfindet.

4. Fazit

Der Film *King Kong* weist zahlreiche Facetten auf und ist reich an Interpretationsmöglichkeiten. Die Frage, ob der Riesengorilla als Freund des Menschen oder als Monster der Evolution zu betrachten ist, kann kontrovers diskutiert werden und ist nicht eindeutig zu beantworten. Wie in Kapitel 3.3 erläutert, gibt es verschiedene Szenen, die belegen, dass Kong menschlich konnotiert ist. Er bietet dem Zuschauer zusätzlich eine gute Identifikationsmöglichkeit, weil er scheinbar Gefühle hat, die nachvollziehbar sind. Er symbolisiert im Film eine Männerfigur, die von seiner Geliebten verletzt wurde und nun versucht, sie zurück zu erobern. Andererseits bleibt er eine monströse Kreatur, die blind zerstört, tötet und übermenschliche Kräfte besitzt.

Das Interesse an den Primaten entstand durch die zahlreichen Fossilien Funde im 19. Und 20. Jahrhundert. Als Eugéne Dubois 1891 den heute als *homo errectus* bekannten Vorfahren der Menschen entdeckte, wurde die damalige Gesellschaft und ihre Vorstellungen ihrer Entstehungsgeschichte auf den Kopf gestellt. Die Menschen wollten zunächst nicht wahrhaben, dass sie vom Affen abzustammen. Da der Mensch sich immer als Krone der Schöpfung sah, war das Entsetzen über die neuesten Forschungen und Erkenntnisse groß. Abenteuerfilme wie King Kong, sollten diesen Schrecken noch verstärken. Das gelingt dem Film vor allem in seiner Ankündigung durch den Trailer sehr gut. Das Wilde und Exotische an Kong wird stark in den Vordergrund gerückt, allerdings weist er auch menschliche Züge auf, die positive Gefühle beim Publikum hervorrufen.

Aus heutiger Sicht ist es jedoch schwer sich vorzustellen, wie die damaligen Kinobesucher den Film aufgenommen haben. Wahrscheinlich war es für sie etwas so Neuartiges und Ungewöhnliches, dass sich durchaus Angst im Kinosaal ausbreitete. Die technische Umsetzung des Films und die Inszenierung der Dinosaurier und des Affen Kong waren einzigartig. Nicht umsonst verkaufte sich die Geschichte so gut und zählt bis heute zu den Klassikern des Hollywoodkinos.

5. Literaturverzeichnis

- Gehrmann, Daniela (2006): Von Katzenfrauen, Affenmännern und Werwölfen. Das Tier im Menschen. Filmstudien. Tectum Verlag. Marburg.
- Griem, Julia (2010): Monkey Business. Affen als Figuren anthropologischer und ästhetischer Reflexion 1800-2000. Trafo. Berlin.
- Sommer, Volker (1989): Die Affen. Unsere wilde Verwandtschaft. Gruner und Jahr. Hamburg. Auszüge.
- Suchsland, Rüdiger (2005): Alter Affe Angst. Die Kulturgeschichte des Riesenaffen und der weißen Frau, In: Telepolis, 12.12.2005, http://www.telepolis.de/r4/artikel/21/21549/1.html (zuletzt gesehen am 07.12.2011)
- Waal, de Frans (1991): Wilde Diplomaten. Versöhnung und Entspannungspolitik bei Affen und Menschen. Carl Hanser Verlag. München/Wien.

Internetseiten:

- www.tierhorror.de

Film:

- King Kong und die weiße Frau (1933)